秋 Autumn

ハロウィンのピアス ……… 46
きのこのピアス ……… 48
読書の秋ブローチ ……… 50
秋の味覚イヤリング ……… 52
お月見のヘアゴム ……… 54
落ち葉のリング ……… 56
動物たちのネックレス ……… 58

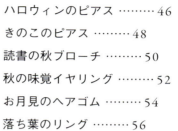

冬 Winter

雪の森のピアス ……… 60
ぬくぬく動物たちのブローチ ……… 62
ニットのヘアゴム ……… 64
冬の幸のイヤリング ……… 66
ミトンのマグネット ……… 68
チョコレートのバレッタ&ピアス ……… 70
椿の帯どめ&ヘアピン ……… 72

番外編

❶ 季節のスポーツアクセサリー ……… 44
❷ 四季のバッグチャーム ……… 74

プラバンコラム

ポスカと絵具の使い分け ……… 76

作品図案集 ……… 77

プラバン作りの基本

プラバン作りに必要な道具や基本的な作り方の手順、
上手に作るためのコツなどを解説していきます。
作り始める前に基本をしっかり押さえておきましょう。

基本の道具

プラバン作りに必要な道具や、あると便利な道具をご紹介します。
作り始める前に必要なものをそろえておきましょう。

プラバン
本書では主に透明で0.4mm厚さのものを使います。100円ショップでも購入できます。

クッキングシート
プラバンを焼くときにトースターの網に敷きます。

オーブントースター
プラバンを焼くための道具。一般的なものでOKですが、製品によってワット数が異なるため、作り始める前に必ず試し焼きをしましょう。本書では600Wのものを使用しています。
※本書では「トースター」と表記しています。

目打ち
図案の線を写すときに使います。色を塗らない透明部分はペンではなく目打ちを使うことで、ハサミで切った後も縁に色が残りません。

冊子
焼いたプラバンを平らに仕上げるために使う道具です。表面がつるつるしているとプラバンがくっつく恐れがあるので、凹凸やツヤがないものがおすすめ。

ハサミ
プラバンを切るときに使います。切れ味のよいものが最適です。

穴あけパンチ
プラバンに穴をあけるときに使う道具。本書では主に穴の直径が3mmのものを使用しています。
※本書では「パンチ」と表記しています。

ポスターカラーマーカー
焼く前のプラバンに図案を写すときに使うペン。本書では主に丸芯のものを使用しています。
※本書では「ポスカ」と表記しています。

油性ペン
ポスカ同様、焼く前のプラバンに図案を写すときに使います。油性ペンなら、上からポスカを塗り重ねても色がはがれません。

カッター
プラバンに筋を描いたり、切りにくい部分に溝を入れるときに使います。

接着剤
アクセサリー金具などを接着するときに使う道具。本書ではA剤とB剤の2種類を混ぜ合わせると強力な接着力が得られるエポキシ樹脂系接着剤を使用しています。

アクリル絵具
焼いた後のプラバンに着色するときに使います。本書ではターナーアクリルガッシュを使用しています。

絵筆
絵具を塗るときに使います。平筆（筆先が平らなもの）なら塗りやすく、色ムラができにくいです。

ニス
ポスカや絵具で着色した面をコーティング（保護）するために使う水性ウレタンニスです。

マスキングテープ
図案を写すときや色を塗るとき、プラバンが動かないように固定できるので便利です。

手袋
プラバンに手の脂がつくのを防いだり、焼いたプラバンを持つときのやけど防止になる道具。本書では綿製で薄手のものを使用しています。

ヤットコ・ニッパー
アクセサリーに仕立てる際に使う道具で、丸カンやTピンを使うときは平ヤットコや丸ヤットコ、チェーンを切るときはニッパーを使います。

ピンバイス
プラバンの穴が小さくて丸カンなどが通りにくい際に、穴を広げるときに使うと便利です。

つまようじ
はみ出したポスカや絵具を削って修正するときに使うと便利です。

綿棒
色を間違って塗ってしまったときに、綿棒を水で湿らせて拭き取ると修正できます。

指カン
丸カンを開閉するときに指にはめて使うと便利です。

洗剤・スポンジ
プラバンを洗うときに使います。洗剤は食器用の中性洗剤がおすすめ。

やすり
焼いた後、プラバンの縁をなめらかにするときに使います。本書では主に紙製を使用していますが、ガラス製ならプラバンが透けて見えるのでさらにおすすめです。

基本の作り方

プラバンは下準備・図案を写す・切る・焼く・絵具を塗る、
この5つの作業が基本となります。
まずは作り方の流れをひと通りチェックして、作品作りを始めましょう。

下準備する

作り始める前に

プラバンには縦に縮みやすいものと横に縮みやすいものがあります。プラバンを小さい正方形に切って試し焼きをし、縮む方向を必ず確認してから作り始めましょう。

※本書では縦に縮むことを想定し、図案を縦長にした状態で掲載しています。

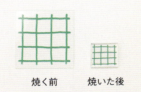
焼く前　　焼いた後

 point

プラバンの縮む方向に対して図案を斜めに写すとできあがりがゆがんでしまうので、図案が垂直になるようにしてプラバンを切りましょう。

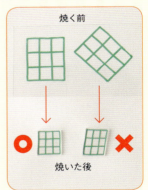
焼く前 / 焼いた後

1

プラバンを作りたい作品の図案に当ててサイズを確認し、ハサミでだいたいの大きさに切る。

2

スポンジで洗剤を泡立て、その泡を手に取ってプラバンを洗い、水でよく流して布巾で拭く。

プラバンを洗うのはなぜ？

プラバンは製造過程で表面に薄く油がついているものが多く、ポスカで描くと色が弾かれて描きにくいことがあるので、あらかじめ洗剤で洗って油を落とします。洗った後は、プラバンをつかむ手に手袋をはめて作業すると手の脂がつくのを防げます。プラバンを購入したら、色が弾かれるかを確認するとよいでしょう。

洗う前　洗った後

図案を写す

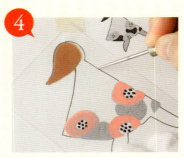

3 プラバンを図案にのせてマスキングテープで固定し、ポスカや油性ペンで図案を写す。

4 切り取り線やパンチであける穴のラインは目打ちで写す。

\point/
ポスカを2色以上使う場合、色の混ざりを防ぐために必ず1色ずつ塗り、1色目が乾いてから次の色を塗りましょう。油性ペンは上からポスカを塗り重ねてもOK。

厚塗りしてしまったら？

ポスカを厚塗りすると、焼いた後にインクが浮いてめくれ上がってしまいます。塗るときは少し薄めに、"もう少し塗りたい"くらいがベスト。厚塗りしてしまったらティッシュペーパーでそっと押さえるとGOOD。試し焼きをしてちょうどよい濃さを見つけましょう。

プラバンを切る

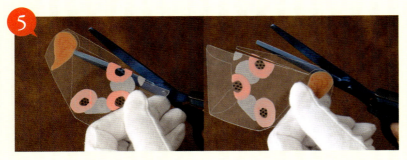

5 図案からプラバンをはずし、ポスカや目打ちなどで写した図案の輪郭に沿ってハサミを使って切る（切りにくい部分の切り方はp.10参照）。

プラバンを焼く

焼き始める前に

トースターは製品によって焼き具合が異なるので、使いながらコツをつかみましょう。トースターのガラス窓を軽く拭いてきれいにしておくと、プラバンの焼き具合が確認しやすくなります。また、やけどを防ぐために必ず両手に手袋をはめましょう。

焼くときに失敗したら？

プラバンがひっくり返ってしまったらトースターを開け、手で軽くつまんで裏返しましょう。また、勢いよく丸まってくっついてしまったら数秒待って様子を見て、それでもダメなら手で離しましょう。曲がったまま冷えて固まってしまったら、再びトースターで焼き直せば修正できます。

6 小さめに切ったクッキングシートを用意し、ポスカや目打ちなどで図案を写した面を下にしてプラバンをのせ、トースターに入れて焼く。プラバンは急に縮むので、焼いている間は目を離さないようにする。

7 プラバンが縮み終わったらクッキングシートの両端を持って取り出し、冊子をのせてそのまま30秒ほど待つ。

8 プラバンのとがった部分や縁のザラつきが気になる場合はやすりで整える。

絵具で着色する

9 輪にしたマスキングテープで、プラバンのウラ面（ポスカなどで図案を写した面）を上にして作業台に固定し、[焼いた後用図案]を参考に、絵具を塗る。

10 乾いたら着色面にニスを塗り、しっかり乾燥させる。

完成！ オモテ面から見ると…
- 焼いた後に絵具で塗った部分
- 焼く前にポスカで写した部分

point
絵具がポスカ部分にはみ出してもオモテ面から見ればわからないのでOK。作品によってはウラ面全体を塗りつぶすものもあります。絵具を数色使う場合は、先に塗った色が完全に乾いてから次の色を塗りましょう。早く乾かしたい場合はドライヤーを使うのもおすすめ。

失敗なく塗るには？

絵具は固い場合を除き、水であまり薄めず、そのままの濃度で塗りましょう。1回で厚塗りしてしまうと、乾いた後にひび割れや色ムラができてしまう恐れがあるので、2〜3回薄く塗り重ねるときれいに仕上がります。

プラバン作りのコツ

基本的な作り方の流れがわかったら、応用編として、
さらに完成度の高い作品に仕上げるためのコツをご紹介します。
これらは本書で紹介している作品作りでも活用しているテクニックです。

コツ❶ カッター筋の描き方

焼く前のプラバンにカッターで筋を描くと、焼いた後にすりガラス風の線になって残ります。この質感の違いを利用すれば、色のない模様を描くことができます。カッター筋は基本的にオモテ面（ポスカなどで着色する面の反対側）に描きます。

1 プラバンのオモテ面を上にして[カッター用図案]にのせ、マスキングテープで固定する。

2 カッターの刃を短く出し、刃を真横に寝かせてプラバンに当て、手前に引く。長い線は終点を見ながら一気に引くとよい。

3 手袋やティッシュペーパーなどで出たクズを払う。

\point 1/
カッターは普段使うように刃を立ててしまうとプラバンが切れてしまうので、図案に対して必ず刃を真横に寝かせましょう。

\point 2/
プラバンは焼くと小さくなるので、カッター筋が多少ゆがんでしまっても大丈夫。プラバンの切れ端を使って何度か練習してみましょう。

コツ❷ 切りにくい部分の切り方

本書で紹介している作品には曲線や複雑な形など、ハサミで切るのが難しいものがあります。ここでは、特に切りにくい部分を上手に切る方法をご紹介します。

【複雑な形の切り方】

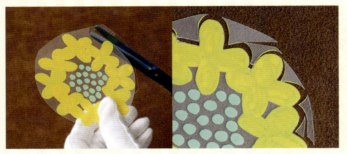

複雑な形は、最初に外周を丸く切った後(写真左)、細かい部分を小刻みに切っていきます(写真右)。

【角の切り方】

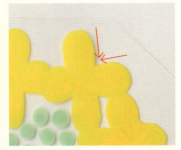

角は一気に切らず、矢印のように2方向からハサミを入れて切ります。

【曲線の切り方】

曲線はプラバンを裏返したり、ハサミを入れ替えたりしながら切りやすい方向を見つけて切りましょう。

【浅いコの字の切り方】

浅いコの字部分は、矢印のように2方向から曲線状にハサミを入れた後、数回に分けて切り取ります。

【深いコの字の切り方】

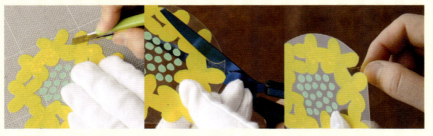

ハサミが入らないような深いコの字部分や細かい部分は、コの字の底にカッターで溝を数回入れ(写真左)、両脇をハサミで切り(写真中央)、最後に手で折り取ります(写真右)。

\point/
プラバンはつるつるしていてカッターがすべりやすいので、溝を入れる際はケガをしないよう十分に注意しましょう。軽い力でゆっくり何度も線を引くように入れます。

コツ❸ 焼く時間で質感を調整する方法

プラバンは焼く時間の長さによって仕上がりの質感が変化します。右の写真は600Wのトースターで焼き、縮み終わり直後、20秒後、50秒後に取り出したものです。この質感の違いを利用して、作品を好みの質感に仕上げることができます。

【長めに焼いたプラバンの特徴】

プラバンは長めに焼くと徐々に角が取れて少し小さくなり、表面がトロッとしたツヤを帯び、プラバン内部に気泡が入ります。質感を調整する際は、トースターのガラス窓を拭いて中がよく見えるようにしておき、焼いている間、プラバンの様子を見ながら好みの質感になったら取り出しましょう。何度か焼いてトースターのクセをつかむことがポイントです。

【冊子をのせるタイミング】

プラバンは長めに焼くと表面がとてもやわらかくなるので、すぐに冊子をのせると写真のように全体がつぶれたり、表面にシワがついたりします。長めに焼いた後は少し待ってから冊子をのせるか、いったん固まるまで冷まし、再びトースターで少し加熱して適度なやわらかさにしてから冊子をのせるとよいでしょう。

【オモテ面とウラ面の焼き具合の違い】

プラバンにはオモテ面とウラ面があり、焼いて縮んだときに凸型に反るのがオモテ面、凹型に反るのがウラ面になります。本書で紹介している作品は基本的に、ウラ面にポスカなどで図案を写し、オモテ面を上にしてトースターで焼きます。縮んですぐに取り出すと大きな違いはありませんが、長めに焼いて質感を調整したい場合は、写真のような違いが出るので注意しましょう。プラバンを小さい正方形に切り、予熱したトースターで試し焼きをしてみると、オモテ面とウラ面の違いがよくわかります。

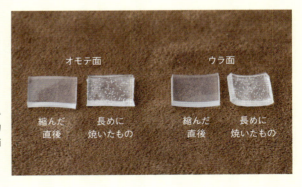

\point/
1

長めに焼いたプラバンはかなり高熱になるので必ず手袋をはめて作業しましょう。また、長めに焼くとプラバンの縁がギザギザになりやすいので、ケガをしないよう焼いた後にやすりをかけましょう。

\point/
2

ワット数の高いトースターだとクッキングシートが焦げやすかったり、質感の変化が早すぎて調整が難しいので、その場合は慣れるまで縮んだ直後に取り出した方がよいでしょう。

アクセサリーの仕立て方

作ったものをアクセサリーなどに仕立てて楽しめるのもプラバンの魅力。
ここでは、本書で使用している金具やパーツとともに、
アクセサリーに仕立てる2つの方法を解説していきます。

本書で使用している主な金具＆パーツ

ブローチ金具
本書では長さ20mmで、シルバーとゴールドの2種類を使用。ブローチの他、帯どめに仕立てるときにも使います。

ヘアピン金具
本書では長さ45mmの丸皿つきのものを使用しています。

ヘアゴム金具
本書では直径13mmの丸皿つきの髪ゴムを使用しています。

ピアス金具
貼付部のあるキャッチタイプのピアス金具。本書では貼付部の直径が8mmと5mmの2種類を使用しています。

ノンホールピアスパーツ
イヤリングに仕立てるための樹脂製パーツ。本書では貼付部が直径4.7mmのものを使用しています。

つり下げピアス金具
プラバンをつり下げてピアスに仕立てるための金具。本書ではフックタイプと、カンつきのキャッチタイプの2種類を使用しています。

蝶タック金具
ピンブローチに仕立てるための金具。本書では貼付部が直径8mmのキャッチタイプを使用しています。

9ピン・Tピン
ビーズなどに通して金具やプラバンをつなげるための輪を作るときに使う金具。

丸カン・三角カン・Cカン
金具やビーズをプラバンにつなげるための金具。

バッグチャーム金具
本書では小さいリングが連なったものを使用しています。

ストラップ金具
本書では細いひもにカニカンがついたものを使用しています。

バレッタ金具
本書では長さ約8cmと約5cmの2種類を使用しています。

ネックレスチェーン
本書では長さ40cmで、5cmのアジャスターがついたものを使用しています。

接着剤で貼りつける方法

ブローチ金具やヘアピン金具など、貼付部がある金具やパーツは、
プラバンのウラ面に接着剤でつけます。

小さく切った牛乳パックに、A剤とB剤を同量出す。

point 1
A剤とB剤は量に差があると十分な接着力が得られないので注意しましょう。

point 2
混ぜ合わせた接着剤は数分で固まり始めるので、固まらないうちに接着しましょう（固まり始める時間はパッケージの表示を確認しましょう）。

2種類の接着剤をつまようじでよく混ぜ合わせる。

接着剤が固まらないうちに金具の貼付部に塗り、プラバンのウラ面に貼りつける。

穴をあけて丸カンでつなげる方法

つり下げタイプのピアスやネックレスなどは、プラバンに
穴をあけ、丸カンでプラバンと金具をつなげます。

図案の穴を目打ちで写し、その位置にパンチで穴をあける。

ヤットコを使って丸カンを前後に開く（指カンを使うと開きやすい）。

プラバンの穴と金具に通したら丸カンを閉じる。

point 1
パンチは裏返してふたを開けたまま使うとプラバンの穴の位置がよく見えますが、クズが飛び散るので、❶の写真のようにビニールを貼っておくと便利です。

point 2
プラバンの穴が小さすぎて丸カンが通らない場合は、ピンバイスで穴を広げましょう。

本書の使い方

作品ページの見方

難易度＆図案ページ
難易度は★で3段階に分けて表示しています。★の数が少ないものほど簡単に作れます。また、図案ページは作品の図案と着色指示を掲載しているページです。
※図案ページの見方はp.77をご覧ください。

材料
作品に使用するプラバン、ポスカや絵具などの画材、アクセサリーなどの金具です。p.4の基本の道具と合わせて準備しましょう。
※絵具の色名に表示されている「P」は「パーマネント」の略です。

作り方
作品の作り方の手順を詳しく解説しています。

アレンジ
掲載作品の配色やアクセサリー金具を変えて楽しめる方法を紹介しています。

ポイント
色の塗り方や仕上げ方のコツ、作るときに注意したいことなど、各手順のポイントを解説しています。

作品番号
掲載作品にはそれぞれ番号がついています。この番号をもとに作り方や図案、色の塗り分けが確認できます。

必ずお読みください

[プラバンについて]
＊プラバンの角や端は鋭利になっているので、手や指を切らないよう取り扱いには十分注意しましょう。
＊お子さまが扱う際は保護者の方が必ずつき添い、指導のもとで行ってください。
＊アルコールや有機溶剤を含む接着剤などを使用する際は必ず換気をし、火気に十分注意してください。
＊ハサミや穴あけ器具、ヤットコなどを使用する際、指などにケガをする恐れがあります。それぞれの道具の取扱説明書を必ず読み、十分注意して扱いましょう。
＊プラバンを破棄する際は各地方自治体の破棄区分に従ってください。

[加熱について]
＊プラバンを加熱するとトースターにくっつく恐れがあります。加熱する際は必ずクッキングシートを敷いてください。
＊プラバンをトースターに入れている間は必ず目を離さないでください。
＊加熱しすぎるとプラバンが溶けたり、煙が出る恐れがあります。その際は慌てずにトースターの電源を切るか、コンセントを抜いてトースターの扉を開けてしばらくその状態を保ち、十分に換気を行いましょう。
＊加熱後、しばらくの間プラバンやトースターが高温になっているため、やけどをする恐れがあります。絶対に素手で直接触れないように注意しましょう。

[本書について]
＊本書掲載の写真・イラスト・図案・カット・記事の無断転載及びインターネットなどでの無断使用を禁じます。また、作品およびそのデザインは個人的に楽しむ場合を除き、無断での制作・販売は著作権法上で禁じています。

季節を楽しむ
プラバンアクセサリー

透明のプラスチック製の板に、ポスカなどで絵を描き、
トースターで焼いて縮んだものをキーホルダーにしたり…。
幼い頃、プラバン作りを経験した人も多いでしょう。

本書では春夏秋冬、それぞれの季節に合わせたモチーフを
ブローチやピアス、ヘアピンなどの小物や雑貨にした作品を集めました。
日本特有の四季をもっと身近に感じて楽しめる、
可愛くておしゃれなプラバンアクセサリーを作ってみましょう。

陽気な春を象徴する
ビタミンカラーの
ヘアアクセ

菜の花のヘアゴム&ヘアピン

難易度 ★☆☆ | **図案 p.78**

鮮やかな黄色と若草色の菜の花は、春を象徴する花。
明るい気分にしてくれる春の奔りの色を身につけて。

【材料】
- 透明プラバン（0.4mm厚さ）
- ポスカ
  黄緑・黄

[ヘアゴム：1個分]
- ヘアゴム金具／1個

[ヘアピン：1個分]
- ヘアピン金具／1個

アレンジ

01はブローチに、02～04は貼付部のあるピアス金具をつけてピアスにしても。

【作り方】

1. プラバンを下準備し（p.6参照）、ポスカと目打ちで図案を写す。

2. 輪郭に沿ってハサミで切る。

3. 着色面を下にしてクッキングシートにのせ、トースターで焼く。縮み終わったら取り出して冊子をのせる。

4. 着色面にニスを塗り、しっかり乾燥させる。

5. ウラ面に01はヘアゴム金具、02～04はヘアピン金具を接着剤でつける。

---

①のポイント

ポスカが乾かないうちに袖などが当たって色がこすれないように注意。こまめに乾かしながら作業しましょう。

②のポイント

コの字になって切りにくいところは、図案の点線に沿ってカッターで溝を入れて折り取りましょう（p.10参照）。

②のポイント

ハサミで切っているうちに色がかすれたら、焼く前に同じ色のポスカでチョンチョンとつつくように塗り足せばOK。

⑤のポイント

ヘアピン金具は厚紙などにはめて固定してから接着剤を塗り、プラバンをのせると接着しやすいです。また、ヘアピンは髪につけたときをイメージし、プラバンの向きを考えて接着しましょう。

あの子のワンピースブローチ

難易度 ★★☆ | 図案 p.79

お気に入りのワンピースがうれしくて、はだしで走っている女の子。
春風のにおいを思い出しながら、好きな色で花を塗ってみて。

【材料】
- 透明プラバン（0.4mm厚さ）
- 油性ペン（黒）
- ポスカ
  黄緑・山吹・黄・茶・灰・
  コーラルピンク・スカイブルー
- アクリル絵具
  ジョンブリアン・ホワイト

［ブローチ：1個分］
- ブローチ金具／1個

【作り方】

① プラバンを下準備し（p.6参照）、ポスカと油性ペン、目打ちで［焼く前用図案］を写す。

② 輪郭に沿ってハサミで切る。

③ 着色面を下にしてクッキングシートにのせ、トースターで焼く。

④ ［焼いた後用図案］を参考に、絵具で着色する。乾いたら着色面にニスを塗り、しっかり乾燥させる。

⑤ ウラ面にブローチ金具を接着剤でつける。

②のポイント
足の部分は、ハサミを2方向から曲線状に入れた後、細かく切り取っていきましょう（p.10参照）。

③のポイント
焼く時間の長さで仕上がりの質感を調整できます（p.11参照）。焼いた後、プラバンの縁がギザギザになったら、やすりで整えましょう。

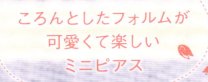
ころんとしたフォルムが
可愛くて楽しい
ミニピアス

手まり寿司のピアス

難易度 ★☆☆　図案 p.78

まるでアクセサリーのように美しい日本の食べ物、手まり寿司。
見ているだけで楽しくなる手作りアクセサリーでお出かけしよう♪

【材料】
- 透明プラバン（0.4mm厚さ）
- ポスカ
  赤・緑・黄緑・橙・茶・白
- アクリル絵具
  Pスカーレット・Pイエローディープ・ホワイト

[ピアス：両耳分]
- ピアス金具（貼付部8mm）／2個

【作り方】

① プラバンを下準備し（p.6参照）、ポスカと目打ちで[焼く前用図案]を写す。

② 輪郭に沿ってハサミで切る。

③ 着色面を下にしてクッキングシートにのせ、トースターで焼く。縮み終わったら取り出して冊子をのせる。

④ [焼いた後用図案]を参考に、ウラ面全体を絵具で塗りつぶす。乾いたら着色面にニスを塗り、しっかり乾燥させる。

⑤ ウラ面にピアス金具を接着剤でつける。

アレンジ
ピンブローチに仕上げて、ポーチなどにいくつも並べてつけても可愛い！

①のポイント
目打ちで切り取り線を写す際は、ハサミで切るときに線が見えればよいので、軽い力でかすかに傷がつく程度でOK。

②のポイント
ハサミで切っているうちに色がかすれたら、焼く前に同じ色のポスカでチョンチョンとつつくように塗り足せばOK。

④のポイント
絵具がない場合、丁寧に塗り分ければポスカだけでも作れます。

虫たちのピンブローチとピアス

難易度 ★★☆ | 図案 p.80

生き物たちが目を覚ます春。ピカピカの昆虫はプラバンにぴったり。
小さなピンブローチは手作りしたオリジナルボタンみたい。

【材料】
- 透明プラバン（0.4mm厚さ）
- 油性ペン（黒）
- ポスカ
  赤・青・黄緑・黄・茶・白・
  金・コーラルピンク

［ピンブローチ：1個分］
- 蝶タック金具／1個

［ピアス：両耳分］
- ピアス金具（貼付部8mm）／2個
- 丸カン（0.7×5mm、18と19のみ）／2個
- ビーズ（はちみつ色、18と19のみ）／2個

【作り方】

1. プラバンを下準備する（p.6参照）。13と14はオモテ面にカッターで筋を描く（p.9参照）。

2. ポスカと油性ペンで図案を写す。18と19の穴は目打ちで写す。

3. 輪郭に沿ってハサミで切る。18と19はパンチで穴をあけてから切る。

4. 着色面を下にしてクッキングシートにのせ、トースターで焼く。縮み終わったら取り出して冊子をのせる。

5. 着色面にニスを塗り、しっかり乾燥させる。

6. ウラ面に13と14は蝶タック金具、15〜17はピアス金具を接着剤でつける。18と19は丸カンでビーズとプラバンをつなげ、ウラ面にピアス金具を接着剤でつける。

\2のポイント/
ポスカで塗り分ける際、隣接する色を引きずってしまうと色が混ざってしまい、きれいに仕上がりません。ポスカ同士の境目が重ならないように注意して塗りましょう。

\3のポイント/
15〜19の触角部分（コの字になって切りにくいところ）は、図案の点線に沿ってカッターで溝を入れて折り取りましょう（p.10参照）。

野の花の バッグチャーム

難易度 ★★★　図案 p.81

小さい頃いちばん身近だった花たちを
ひとつひとつ集めたリース。
おなじみの野の花で、
一緒に春気分を感じられる作品に。

20

色とりどりの花たちが
バッグを
さらにおしゃれに♪

【材料】
- 透明プラバン（0.4mm厚さ）
- 油性ペン（黒）
- ポスカ
  赤・緑・黄緑・黄・金・白・
  コーラルピンク・スカイブルー
- アクリル絵具
  Pスカーレット・プルシアンブルー・Pイエロー・バーントアンバー・
  ディープグリーン・ビリディアン・ホワイト・ジェットブラック
[バッグチャーム：1個分]
- バッグチャーム金具／1個

【作り方】

① プラバンを下準備し（p.6参照）、ポスカと油性ペン、目打ちで[焼く前用図案]を写す。

② 輪郭に沿ってハサミで切る。[オオイワカガミ]のパーツは切り込みも入れる。[枝]のパーツの内側は中央まで切り込みを入れた後、輪郭に沿って切る。

③ [枝]のパーツを焼く。図案ページを開いて作業台に置き、両手に手袋をはめる。目打ちで印をつけた面を上にしてクッキングシートにのせ、予熱していないトースターで焼く。縮み終わったら指でつまんで[焼いた後用図案]にのせ、熱いうちに形を整える。

④ [枝]以外の各パーツを焼く。着色面を下にしてクッキングシートにのせ、トースターで焼く。縮み終わったら取り出して冊子をのせる。

⑤ [焼いた後用図案]を参考に、絵具で着色する。乾いたら着色面にニスを塗り、しっかり乾燥させる。

⑥ 左ページの作品写真を参考に、[枝]のパーツの印に沿って各パーツを順にのせる。バランスを確認したら[枝]のパーツから下ろし、順番どおりに並べておく。

⑦ パーツを接着する。接着剤をつまようじで少量取って[枝]のパーツに塗り、まず[オオイヌノフグリ]のパーツをつける。続けて、[オオイワカガミ]、[タンポポ]…の順に反時計まわりにパーツをつけていく。

⑧ すべてのパーツをつけたら、しっかり接着しているか確認しながらつまようじで全体のバランスを微調整し、しっかり乾燥させる。

⑨ バッグチャーム金具を取りつける。

---

③のポイント
[枝]のパーツの形を整えるときに失敗したらトースターで再び焼き、やわらかくなったら取り出してやり直しましょう。

⑤のポイント
本の上で作業しにくい場合は図案をコピーしたもの、または、トレーシングペーパーなどに図案を写したものを用意してもOK。

⑦のポイント
各パーツを接着する際、全体のバランスは最後に調整するので、接着剤が固まらないうちに仮置きのつもりで手早くのせていきましょう。

幸せを呼ぶシロツメクサを
大人可愛いアクセサリーに

シロツメクサのネックレスとピアス

難易度 ★★☆ | 図案 p.80

落ち着きのある色味のクローバーと花に見立てたコットンパール。
"幸運""約束"が花言葉のシロツメクサをお守り代わりに身につけたらいいことがありそう。

【材料】
- 透明プラバン（0.4mm厚さ）
- アクリル絵具
  ディープグリーン・ホワイト

[ネックレス：1個分]
- ネックレスチェーン／1個
- コットンパール（8mm）／4個
- 9ピン（0.5×20mm）／4個
- 丸カン（0.6×4mm）／6個
- 丸カン（0.6×3mm）／2個

[ピアス：両耳分]
- つり下げピアス金具／2個
- コットンパール（8mm）／2個
- Tピン（0.5×20mm）／2個
- 丸カン（0.6×4mm）／2個
- 丸カン（0.6×3mm）／2個

7のポイント
ネックレスチェーンの穴が小さくて丸カンが通らない場合は、目打ちや針でチェーンの穴を広げましょう。

【作り方】

① プラバンをだいたいの大きさに切り、オモテ面にカッターで筋を描く（p.9参照）。

② 目打ちで[焼く前用図案]を写す。22は穴の数を1個にする（各作品に必要なパーツの種類と数、パーツにあける穴の数は右の写真参照）。

③ パンチで穴をあけ、輪郭に沿ってハサミで切る。

④ オモテ面を上にしてクッキングシートにのせ、トースターで焼く。縮み終わったら取り出す。

⑤ [焼いた後用図案]を参考に、ウラ面全体を絵具で塗りつぶす。乾いたら着色面にニスを塗り、しっかり乾燥させる。

⑥ 21は9ピン、22はTピンをコットンパールに通し、根元で直角に折り曲げる。根元から7mmのところをニッパーでカットし、先端をヤットコではさんで根元に向かってゆっくり丸めて輪を作る。

⑦ パーツを組み立てる。右の写真を参考に、丸カンでプラバンと⑥のパール、21はネックレスチェーン、22はつり下げピアス金具をつなげる。

お花見バレッタ&ピアス

難易度 ★★★　図案 p.82

春爛漫の花吹雪をモチーフにした、満開の桜のアクセサリー。
短い花の季節も、手作りなら作る時間ごとじっくり味わえるかも。

23

24

可憐な桜を
髪や耳元につけて楽しめる
お花見ファッション

【材料】

- 透明プラバン（0.4mm厚さ）
- ポスカ
  白
- アクリル絵具
  Pスカーレット・ホワイト

[バレッタ：1個分]
- バレッタ金具（8cm長さ）／1個
- ブリオン

[ピアス：両耳分]
- ピアス金具（貼付部5mm）／2個
- ブリオン

【作り方】

① プラバンを下準備し（p.6参照）、ポスカと目打ちで［焼く前用図案］を写し、輪郭に沿ってハサミで切る。

② ［バレッタパーツ］は着色面、［桜］のパーツは目打ちで写した面を下にしてクッキングシートにのせ、トースターで焼く。縮み終わったら取り出して冊子をのせる。

③ ［焼いた後用図案］を参考に、絵具で着色する。乾いたら着色面にニスを塗り、しっかり乾燥させる。

④ 23は❶の写真を参考に、［バレッタパーツ］を並べて位置を確認する。

⑤ ［バレッタパーツ］をバレッタ金具に接着する。つまようじで接着剤を少量取って金具の中央に塗り、中央のパーツをつける。同様に、残りのパーツを順につけていく。

⑥ すべてのパーツをつけたら、しっかり接着しているか確認しながらつまようじで全体のバランスを微調整し、しっかり乾燥させる。

⑦ ［桜］のパーツAにブリオンをつける。まず、たたんだティッシュペーパーにブリオンを隙間なく並べたら、パーツの中央に接着剤を少量塗り、パーツを持ってブリオンをつける。つまようじで位置を調整し、指で上から軽く押さえる。

⑧ 23は左ページの作品写真を参考に、［桜］のパーツA・Bを接着剤で❺にバランスよくつける。24はウラ面にピアス金具を接着剤でつける。

❶のポイント
23はハサミで切った後、パーツを順番どおりに並べておくとわかりやすいです。

❺のポイント
パーツを接着する際、全体のバランスは最後に調整するので、接着剤が固まらないうちに仮置きのつもりで手早くのせていきましょう。

風鈴のピアス

難易度 ★★☆ | 図案 p.83

耳元で揺れる日本の夏。透明部分を残して涼しげなデザインに。
"チリーン"という音は鳴らなくても、軽いのでよく揺れるピアス。

【材料】
- 透明プラバン(0.4mm厚さ)
- ポスカ
  赤・黄・橙・白・パステルグリーン
- アクリル絵具
  カーミン・プルシアンブルー・
  ゴールドライト

[ピアス：両耳分]
- つり下げピアス金具／2個
- 丸カン(0.7×5mm)／4個

アレンジ

片耳はシンプルなスワロフスキーのピアスなどにしてアシンメトリーにしても可愛いです。

4のポイント
25と[短冊]は絵具を使わず、ポスカですべて塗ってから焼いてもOK。

【作り方】

1. プラバンを下準備し(p.6参照)、ポスカと目打ちで[焼く前用図案]を写す。

2. パンチで穴をあけ、輪郭に沿ってハサミで切る。

3. 着色面([短冊]は目打ちで写した面)を下にしてクッキングシートにのせ、トースターで焼く。縮み終わったら取り出して冊子をのせる。

4. 25と[短冊]は[焼いた後用図案]を参考に、絵具で着色する。乾いたら着色面にニスを塗り、しっかり乾燥させる。

5. 丸カンでプラバンとつり下げピアス金具をつなげる。[短冊]も丸カンでつなげる。

元気に咲くひまわりから
パワーをもらえそう

ひまわりのミニバレッタ&ピアス

難易度 ★☆☆ | 図案 p.83

夏の花を代表するひまわりは、大人向けのアクセサリーではあまり見かけないもの。
入道雲がよく似合う大輪の花を、落ち着いた色の葉と合わせて大人っぽく。

【材料】
- 透明プラバン(0.4mm厚さ)
- ポスカ
  黄・茶・白
- アクリル絵具
  プルシアンブルー・ディープグリーン

[バレッタ：1個分]
- バレッタ金具(5cm長さ)／1個

[ピアス：両耳分]
- ピアス金具(貼付部8mm)／2個
- 丸カン(0.7×5mm)／3個

④のポイント

焼く時間の長さで仕上がりの質感を調整できます(p.11参照)。焼いた後、プラバンの縁がギザギザになったら、やすりで整えましょう。

【作り方】

① プラバンを下準備する(p.6参照)。[葉]のパーツはオモテ面にカッターで筋を描く(p.9参照)。

② ポスカと目打ちで[焼く前用図案]を写す。29は穴の数に注意して写す(各作品に必要なパーツの種類と数、29の穴の数は右の写真参照)。

③ 輪郭に沿ってハサミで切る。[ひまわり]は切り込みも入れる。29はパンチで穴をあけてから切る。

④ 着色面を下にして([葉]はオモテ面を上にして)クッキングシートにのせ、トースターで焼く。

⑤ [葉]は[焼いた後用図案]を参考に、ウラ面全体を絵具で塗りつぶす。乾いたら着色面にニスを塗り、しっかり乾燥させる。

⑥ 28はバレッタ金具の中央に接着剤を塗り、中央のパーツをつける。同様に、残りのパーツを下の写真の番号順につけていき、最後に両端のパーツがしっかり接着しているか確認しながら微調整し、乾燥させる。

⑦ 29は左ページの作品写真を参考に丸カンでプラバンをつなげ、いちばん上のパーツのウラ面にピアス金具を接着剤でつける。

かもめのヘアゴム&ブローチ

難易度 ★☆☆ | 図案 p.84

プラバンなら輪郭だけをなぞり、中の模様を変えて楽しめるのも魅力のひとつ。
夏空の雲模様をお気に入りの布や包装紙の柄に変えてアレンジを楽しんで♪

【材料】

- 透明プラバン(0.4mm厚さ)
- 油性ペン(黒)
- ポスカ
  青・白
- アクリル絵具
  アクアブルー・ビリディアン・ホワイト・ジェットブラック

[ヘアゴム：1個分]
- ヘアゴム金具／1個
- ブリオン(**32**のみ)

[ブローチ：1個分]
- ブローチ金具／1個
- ブリオン(**30**のみ)

【作り方】

① プラバンを下準備する(p.6参照)。**30**と**32**はポスカと油性ペンで[焼く前用図案]を写す。**31**と**33**は輪郭だけを目打ちで写した後、[雲模様]の図案にプラバンをのせて好きな位置を決め、ポスカで模様を写す。

② 輪郭に沿ってハサミで切る。

③ 着色面を下にしてクッキングシートにのせ、トースターで焼く。

④ **31**と**33**は[焼いた後用図案]を参考に、ウラ面全体を絵具で塗りつぶす。乾いたら着色面にニスを塗り、しっかり乾燥させる。

⑤ **30**と**32**はブリオンを接着剤でつけて目を作る。

⑥ ウラ面に**31**と**32**はヘアゴム金具、**30**と**33**はブローチ金具を接着剤でつける。

31と**33**は背景もポスカで塗れば、絵具を使わずに作ることもできます。

焼く時間の長さで仕上がりの質感を調整できます(p.11参照)。

金魚のピアス

難易度 ★★☆ | 図案 p.85

泳ぐように揺れる、プラバンの透明感がぴったりの金魚モチーフ。
繊細な模様は焼く前のプラバンに描くので、見た目以上に簡単！

【材料】

- 透明プラバン（0.4mm厚さ）
- 油性ペン（黒）
- ポスカ
  赤・灰・白・金
- アクリル絵具
  Pレッド

[ピアス：両耳分]
- つり下げピアス金具／2個
- 丸カン（0.7×5mm）／2個
- 丸カン（0.6×3mm）／2個

アレンジ

つり下げタイプのイヤリング金具に変えて
イヤリングとして楽しむのもおすすめ。

【作り方】

1. プラバンを下準備し（p.6参照）、オモテ面にカッターで筋を描く（p.9参照）。

2. ポスカと油性ペン、目打ちで[焼く前用図案]を写す。

3. パンチで穴をあけ、輪郭に沿ってハサミで切る。

4. 着色面を下にしてクッキングシートにのせ、トースターで焼く。縮み終わったら取り出して冊子をのせる。

5. **34**と**35**は[焼いた後用図案]を参考に、絵具で着色する。乾いたら着色面にニスを塗り、しっかり乾燥させる。

6. 丸カンでプラバンとつり下げピアス金具をつなげる。

2のポイント

カッター筋はオモテ面、ポスカや目打ちはウラ面に写すので注意しましょう。

6のポイント

耳につけたときにプラバンが正面を向くように、ピアス金具と丸カンの向きに気をつけてつなげましょう。

りんごあめに
チョコバナナに牛串…
どれも食べたい屋台グルメ

屋台グルメのストラップ

難易度 ★☆☆ 　 図案 p.85

お祭りの屋台でよく見かける食べ物たちが愛嬌たっぷりのストラップに。
お祭りの時期に作れば、見るたびに楽しみが増えるかも♪

【材料】
- 透明プラバン（0.4mm厚さ）
- ポスカ
  赤・うすだいだい・桃・黄緑・黄・白
- アクリル絵具
  バーントシェナー・バーントアンバー・ジェットブラック

[ストラップ：1個分]
- ストラップ金具／1個
- 丸カン（1×6mm）／1個

【作り方】

① プラバンを下準備し（p.6参照）、ポスカと目打ちで［焼く前用図案］を写す（42は⊥印の方を上にして写す）。

② パンチで穴をあけ、輪郭に沿ってハサミで切る。

③ 着色面を下にしてクッキングシートにのせ、トースターで焼く。縮み終わったら取り出して冊子をのせる。

④ 41と42は［焼いた後用図案］を参考に、絵具で着色する。乾いたら着色面にニスを塗り、しっかり乾燥させる。

⑤ 丸カンをプラバンにつけ、ストラップ金具を取りつける。

\①のポイント/

41の細かい模様はポスカで描いて焼いた後、ウラ面全体を絵具で塗りつぶすだけなので簡単です。ポスカの色を弾かないように、プラバンはしっかり下準備しておきましょう。

\③のポイント/

40は細長い部分があるので、急に縮むのを避けるために予熱していないトースターでゆっくり焼きましょう。急に丸まってしまったらトースターを開けて手早く引き離し、焼き直せばOK。

\⑤のポイント/

丸カンがプラバンの穴に通りにくい場合は、ピンバイスで穴を広げましょう。もしくは、強度は落ちますが、少し細めの丸カンに変えてもOK。

波のリング

難易度 ★☆☆ | 図案 p.86

ポスカだけで塗り、プラバンを曲げて作るリング。
ポスカを絵具に変えたり、好みの色で塗ったりなど、アレンジしてみて。

【材料】
- 透明プラバン（0.2mm厚さ）
- ポスカ
  青・水色・白

【作り方】

① ペンを用意する。手持ちの指輪をさまざまなペンにはめてサイズを確認し、自分の指と同じ太さくらいのペンを見つける。

② プラバンを下準備し（p.6参照）、ポスカで図案を写す。

③ 輪郭に沿ってハサミで切る。

④ プラバンを焼いて形を整える。まず、両手に手袋をはめ、①のペンを片手に持つ。③の着色面を下にしてクッキングシートにのせ、予熱していないトースターで焼く。縮み終わったら指でつまんで取り出し、ペンに手早く巻きつける。

⑤ 着色面にニスを塗り、しっかり乾燥させる。

アレンジ

黄など、好みの色で着色してカラフルなリングを作ってみましょう。

②のポイント

絵具で着色する場合は、目打ちで輪郭だけを写してハサミで切り、焼いて形を整えた後、好みの絵具でウラ面全体を塗りつぶしましょう。

④のポイント

作り始める前に、細長く切ったプラバンで練習するのがおすすめ。急に丸まってくっついてしまったらトースターから取り出して指で手早く引き離し、焼き直しましょう。

カラフル&キュートな
傘のアクセサリーで
雨の日が楽しみに

傘のヘアピンとピアス

難易度 ★★☆ ｜ 図案 p.83

梅雨の時期でも明るい気分にしてくれる傘のアクセサリー。
ピアスは雨だれをイメージした透明ビーズがワンポイント。

【材料】
- 透明プラバン（0.4mm厚さ）
- ポスカ
  青・緑・黄・水色・灰・白・金・
  コーラルピンク・ライトピンク・
  スカイブルー

［ヘアピン：1個分］
- ヘアピン金具／1個

［ピアス：両耳分］
- ピアス金具（貼付部8mm）／2個
- 丸カン（0.7×5mm）／2個
- ビーズ（透明）／2個

【作り方】

① プラバンを下準備し（p.6参照）、ポスカで図案を写す。

② 輪郭に沿ってハサミで切る。傘の持ち手は図案の点線に沿ってカッターで溝を入れ、両脇をハサミで切って折り取る。46〜48はパンチで持ち手の内側のカーブを作る。49〜51は持ち手の内側にパンチで穴をあける。

③ 着色面を下にしてクッキングシートにのせ、トースターで焼く。縮み終わったら取り出して冊子をのせる。

④ 着色面にニスを塗り、しっかり乾燥させる。

⑤ 46〜48はウラ面にヘアピン金具を接着剤でつける。49〜51は丸カンでプラバンとビーズをつなげ、ウラ面にピアス金具を接着剤でつける。

②のポイント
ハサミで切っているうちに色がかすれたら、焼く前に同じ色のポスカでチョンチョンとつつくように塗り足せばOK。

⑤のポイント
ヘアピン金具は厚紙などにはめて固定するとプラバンを接着しやすいです。

番外編 1

相撲や登山、スノボなど
お気に入りのスポーツが
いつも身につけられる♪

季節のスポーツアクセサリー

難易度 ★★☆ | 図案 p.94

好きなスポーツを雑貨やアクセサリーに。
身につけていたら、意外なところで仲間が見つかるかも?

【材料】
- 透明プラバン（0.4mm厚さ）
- 油性ペン（黒）
- ポスカ
  赤・緑・うすだいだい・黄・紫・桃・水色・白・金・コーラルピンク・パステルグリーン
- アクリル絵具
  プルシアンブルー・ビリディアン

[ブローチ：1個分]
- ブローチ金具／1個

[ピアス（b2・b3）：両耳分]
- ピアス金具（貼付部8mm）／2個

[ストラップ：1個分]
- ストラップ金具／1個
- 丸カン（1×6mm）／8個

[ピアス（b6〜b8）：両耳分]
- つり下げピアス金具／2個
- Cカン（0.7×5×6mm）／2個
- 丸カン（0.6×3mm）／2個
- ネイルシール／2個

【作り方】

1. プラバンを下準備し（p.6参照）、ポスカと油性ペン、目打ちで[焼く前用図案]を写す。b3はオモテ面にカッターで筋を描く（p.9参照）。

2. 輪郭に沿ってハサミで切る。b9の[ブーツ]と[大]のパーツはパンチで穴をあけてから切る。

3. 着色面を下にしてクッキングシートにのせ、トースターで焼く。縮み終わったら取り出して冊子をのせる。

4. b9は[焼いた後用図案]を参考に、絵具で着色する。乾いたら着色面にニスを塗り、しっかり乾燥させる。

5. b6〜b8の[小]のパーツにネイルシールを貼る。

6. b6〜b8のパーツを接着する。つまようじで接着剤を少量取って[大]のパーツに塗り、[小]のパーツをつける。同様に、b9の[小]のパーツを[大]のパーツにつける。

7. ウラ面にb1・b4・b5はブローチ金具、b2とb3はピアス金具を接着剤でつける。b6〜b8はCカンと丸カンでプラバンとつり下げピアス金具をつなげる。b9は右の写真を参考に、丸カンでプラバンをつなげ、ストラップ金具を取りつける。

アレンジ

本書掲載の作品の図案を使い、野球やサッカーなど、応援しているチームカラーで作品を作ってみるのも楽しいですよ♪

②のポイント
b6〜b8は先に外側の輪郭を切り、続けて内側の輪郭までまっすぐ深くハサミを入れ、プラバンをまわしたり裏返したりしながら内側をゆっくり切りましょう。

⑥のポイント
[小]のパーツをつけるときは、ヤットコやピンセットを使うと作業しやすいです。

⑦のポイント
丸カンがプラバンの穴に通りにくい場合は、ピンバイスで穴を広げましょう。または、強度は落ちますが、少し細めの丸カンに変えてもOK。

小さなハロウィンモチーフで "Trick or Treat"

ハロウィンのピアス

難易度 ★☆☆ | 図案 p.86

まるでお菓子のような可愛いおばけたちのピアス。
仮装を楽しめる日は短くても、アクセサリーならハロウィンをもっと長く楽しめそう♪

【材料】
- 透明プラバン(0.4mm厚さ)
- 油性ペン(黒)
- ポスカ
  赤・紫・橙・灰・白
[ピアス：両耳分]
- ピアス金具(貼付部8mm)／2個

アレンジ

ノンホールピアスパーツに変えれば、片耳に複数のモチーフをつけて楽しむことができます。

【作り方】

① プラバンを下準備し(p.6参照)、ポスカと油性ペンで図案を写す。

② 輪郭に沿ってハサミで切る。

③ 着色面を下にしてクッキングシートにのせ、トースターで焼く。縮み終わったら取り出して冊子をのせる。

④ 着色面にニスを塗り、しっかり乾燥させる。

⑤ ウラ面にピアス金具を接着剤でつける。

① のポイント

ポスカ同士の色の境目が重ならないよう注意して塗りましょう。油性ペンの上からポスカを塗り重ねるのはOK。

きのこのピアス

| 難易度 ★☆☆ | 図案 p.87 |

秋の象徴、色とりどりのきのこたちをピアスに。
珍しい色や形のきのこは実際に存在するもの。さまざまな種類を作ってみて♪

【材料】
- 透明プラバン（0.4mm厚さ）
- ポスカ
  赤・黄・水色・茶・白・スカイブルー
- アクリル絵具
  クリムソン・バーントアンバー・
  ジェットブラック

[ピアス：両耳分]
- ピアス金具（貼付部5mm）／2個

アレンジ
ヘアピン金具を使ってヘアピンにアレンジしてもOK。図案を拡大コピーすればヘアゴムなど、大きめのアクセサリーが作れます。

【作り方】

① プラバンを下準備する（p.6参照）。
65と**66**は、オモテ面にカッターで筋を描く（p.9参照）。

② ポスカと目打ちで[焼く前用図案]を写す。

③ 輪郭に沿ってハサミで切る。

④ 着色面を下にしてクッキングシートにのせ、トースターで焼く。縮み終わったら取り出して冊子をのせる。

⑤ **63**と**66**は[焼いた後用図案]を参考に、絵具で着色する。乾いたら着色面にニスを塗り、しっかり乾燥させる。

⑥ ウラ面にピアス金具を接着剤でつける。

きのこの名称

64…キタマゴタケ
65…ソライロタケ
66…ベニテングタケ
63…キヌガサタケ
62…ヒカゲシビレタケ

読書の秋ブローチ

| 難易度 ★☆☆ | 図案 p.86 |

読書の秋は、新しい本はもちろん、お気に入りの本を読み返すのも楽しい！
ベレー帽をかぶってメガネをした読書好きの女の子をブローチに。

【材料】
- 透明プラバン（0.4mm厚さ）
- 油性ペン（黒）
- ポスカ
  赤・緑・黄・白

[ブローチ：1個分]
- ブローチ金具／1個

アレンジ

プラバンに穴をあけて焼き、ブローチ金具の代わりにひもをつければ、しおりにアレンジできます。

【作り方】

① プラバンを下準備し（p.6参照）、ポスカと油性ペンで図案を写す。

② 輪郭に沿ってハサミで切る。

③ 着色面を下にしてクッキングシートにのせ、トースターで焼く。縮み終わったら取り出して冊子をのせる。

④ 着色面にニスを塗り、しっかり乾燥させる。

⑤ ウラ面にブローチ金具を接着剤でつける。

①のポイント

ポスカの上から油性ペンで塗り重ねてしまうとポスカの色がはがれてしまうため、必ず油性ペンから先に塗りましょう。

②のポイント

足の部分は、ハサミを2方向から曲線状に入れた後、細かく切り取っていきましょう（p.10参照）。

秋の味覚イヤリング

難易度 ★★☆ | 図案 p.88

思わず笑顔になるような、秋の味覚を集めたアクセサリー。
こんなイヤリングをつけていたら、思わず話しかけたくなって会話が生まれるかも！

【材料】

- 透明プラバン（0.4mm厚さ）
- 油性ペン（黒）
- ポスカ
  青・黄緑・紫・黄・茶・灰・白
- アクリル絵具
  Pレッド・ウルトラマリン・
  プルシアンブルー・Pイエローディープ・
  ホワイト・ジェットブラック

[イヤリング：両耳分]
- ノンホールピアスパーツ／2個

5 のポイント
[粒]のパーツをつけるときは、ヤットコやピンセットを使うと作業しやすいです。

【作り方】

① プラバンを下準備する（p.6参照）。
72・74・75はオモテ面にカッターで筋を描く（p.9参照）。

② ポスカと油性ペン、目打ちで[焼く前用図案]を写し、輪郭に沿ってハサミで切る。

③ 着色面を下にしてクッキングシートにのせ、トースターで焼く。縮み終わったら取り出して冊子をのせる。

④ 72・73・75は[焼いた後用図案]を参考に、絵具で着色する。乾いたら着色面にニスを塗り、しっかり乾燥させる。

⑤ 70と71は[粒]のパーツを接着する。左ページの作品写真を参考に、[本体]に[粒]をのせて位置を確認したら、つまようじで接着剤を少量取って[本体]に塗り、[粒]をつける。

⑥ ウラ面にノンホールピアスパーツを接着剤でつける。

お月さまに
うさぎやススキを合わせて
十五夜アクセに

お月見のヘアゴム

難易度 ★☆☆ | 図案 p.89

透明部分を残したデザインで、金具部分を満月に見立てたヘアゴム。
オモテとウラ、両面に絵を描くことで不思議な立体感に。

【材料】
- 透明プラバン（0.4mm厚さ）
- ポスカ
  黒・赤・灰・白
  [ヘアゴム：1個分]
- ヘアゴム金具／1個

【作り方】

① プラバンを下準備し（p.6参照）、オモテ面とウラ面にそれぞれポスカで図案を写す。輪郭はウラ面に目打ちで写す。

② 輪郭に沿ってハサミで切る。

③ ウラ面を下にしてクッキングシートにのせ、トースターで焼く。縮み終わったら取り出して冊子をのせる。

④ ウラ面にニスを塗り、しっかり乾燥させる。

⑤ ウラ面にヘアゴム金具を接着剤でつける。

\①のポイント/
ポスカの色が弾かれると細かい図案が描きにくいので、プラバンはしっかり下準備しておきましょう。両面を描いているうちに色がかすれたら、焼く前に同じ色のポスカでチョンチョンとつつくように塗り足せばOK。

\④のポイント/
オモテ面にもニスを塗った方が長持ちしますが、ここでは、筆あとのないきれいな仕上りにするため、オモテ面にはニスを塗らずに仕上げます（気になる人は塗ってもOK）。

\⑤のポイント/
77はヘアゴムの丸皿でお月さまを表現するため、丸皿の位置を考えて接着しましょう。また、丸皿の色がお月さまの色になるので、好みの色の丸皿がついたヘアゴム金具を選んでみましょう。

紅葉した落ち葉を
拾い集めたような
おしゃれなリング

落ち葉のリング

難易度 ★★☆ | 図案 p.87

秋色がギュッと詰まった落ち葉をつなげてリングに。
やすりで丁寧に仕上げると、つけ心地がアップ。

【材料】
● 透明プラバン（0.2mm厚さ）
● ポスカ
　黄
● アクリル絵具
　Pスカーレット・クリムソン・
　イエローオーカー・バーントアンバー

【作り方】

① 自分の指と同じ太さくらいのペンを用意する（p.41の①参照）。

② プラバンを下準備し（p.6参照）、目打ちで輪郭を写す。

③ プラバンを裏返し、左から3つ目の葉を［カッター用図案］にのせてカッターで筋を描く（p.9参照）。78は目打ちで写した面をポスカで塗る。

④ ③の筋を描いた面を上にしてクッキングシートにのせ、予熱していないトースターで焼く。縮み終わったら①のペンに手早く巻きつける（p.41の④参照）。

⑤ 79は［焼いた後用図案］を参考に、内側を絵具で着色する。乾いたら着色面にニスを塗り、しっかり乾燥させる。

④のポイント

作り始める前に、細長く切ったプラバンで練習するのがおすすめ。急に丸まってくっついてしまったらトースターから取り出して指で手早く引き離し、焼き直しましょう。

⑤のポイント

絵具で塗る際は、筆に絵具を含ませたら先に手前半分を塗り、上下をひっくり返して残り半分を塗ると、プラバンの断面に絵具がはみ出さず、きれいに仕上がります。

Autumn

動物たちのネックレス

| 難易度 ★★☆ | 図案 p.88 |

秋の野山を走る動物たちと、木の実に見立てたビーズのネックレス。
動物は模様部分を残しながら油性ペンで丁寧に塗るのがポイント。

【材料】
- 透明プラバン(0.4mm厚さ)
- 油性ペン(黒)

[ネックレス：1個分]
- ネックレスチェーン／1個
- 9ピン(0.5×20mm)／1個
- 丸カン(0.6×4mm)／2個
- 丸カン(0.6×3mm)／1個
- 好みのビーズ

アレンジ

動物たちの位置を中央より少し横にずらしても可愛いのでおすすめ。

【作り方】

① プラバンを下準備し(p.6参照)、油性ペンで図案を写す。穴は目打ちで写す。

② パンチで穴をあけ、輪郭に沿ってハサミで切る。

③ 着色面を下にしてクッキングシートにのせ、トースターで焼く。縮み終わったら取り出して冊子をのせる。

④ 着色面にニスを塗り、しっかり乾燥させる。

⑤ ビーズに9ピンを通して輪を作る(p.27の⑥参照)。

⑥ ネックレスチェーンの中央部分をニッパーで切り、下の写真を参考に丸カンでチェーンと⑤のビーズとプラバンをつなげる。

①のポイント

動物たちの模様は塗り残しますが、その際、塗り残す部分の周囲を大きめに囲ってから、まわりを塗りつぶしていきましょう。

⑥のポイント

ネックレスチェーンの穴が小さくて丸カンが通らない場合は、目打ちや針でチェーンの穴を広げましょう。

シンプルな中にも
エレガントさを感じる
デザイン

雪の森のピアス

| 難易度 ★☆☆ | 図案 p.90 |

雪が積もった木をイメージしたピアス。
さりげない季節感と大人っぽいシンプルなデザインが普段使いにぴったり。

【材料】
- 透明プラバン（0.4mm厚さ）
- アクリル絵具
  スカイブルー・ディープグリーン・
  ホワイト・ゴールドライト

[ピアス：両耳分]
- つり下げピアス金具／2個
- 三角カン（0.6×5mm）／2個

アレンジ

[大]のパーツをワイン色で塗るとクリスマスシーズンにぴったりのアイテムに。イヤリング金具やノンホールピアスパーツを使えばイヤリングとしても楽しめます。

【作り方】

① プラバンをだいたいの大きさに切り、目打ちで[焼く前用図案]を写す。[小]のパーツはオモテ面にカッターで筋を描く（p.9参照）。

② パンチで穴をあけ、輪郭に沿ってハサミで切る。

③ オモテ面を上にしてクッキングシートにのせ、トースターで焼く。縮み終わったら取り出して冊子をのせる。

④ [焼いた後用図案]を参考に、ウラ面全体を絵具で塗りつぶす。乾いたら着色面にニスを塗り、しっかり乾燥させる。

⑤ 三角カンをヤットコで広げてつり下げピアス金具を通し、プラバン2枚をはさむように閉じる。

③のポイント
オモテ面を上にして焼くことでプラバンの表面に傷がつかず、きれいに仕上がるうえに、カッターで描いた筋もさらに引き立ちます。

ぬくぬく動物たちのブローチ

難易度 ★★☆ ｜ 図案 p.91

寒い地方に住んでいる動物たちにマフラーをプレゼント。
マフラーは別に作るので、接着するときは巻いてあげるような気分に。

【材料】
- 透明プラバン（0.4mm厚さ）
- 油性ペン（黒）
- ポスカ
  白
- アクリル絵具
  クリムソン・スカイブルー・ビリディアン

［ブローチ：1個分］
- ブローチ金具／1個

【作り方】

① プラバンを下準備し（p.6参照）、ポスカと油性ペン、目打ちで［焼く前用図案］を写す。

② 輪郭に沿ってハサミで切る。

③ 着色面（マフラーは目打ちで写した面）を下にしてクッキングシートにのせ、トースターで焼く。縮み終わったら取り出して冊子をのせる。

④ マフラーは［焼いた後用図案］を参考に、ウラ面全体を絵具で塗りつぶす。乾いたら着色面にニスを塗り、しっかり乾燥させる。

⑤ マフラーを接着する。左ページの作品写真を参考に、動物にマフラーをのせて位置を確認したら、つまようじで接着剤を少量取って動物に塗り、マフラーをつける。

\② のポイント
86と87の足の部分は、p.10の「浅いコの字の切り方」と「深いコの字の切り方」を参考に、ゆっくり丁寧に切り取りましょう。

⑥ マフラーが動かなくなり、しっかり接着されたら、ウラ面にブローチ金具を接着剤でつける。

ニットのヘアゴム

難易度 ★☆☆ | 図案 p.92

透け感がありながらも暖かみを感じる、ニットの編み模様のヘアゴム。
一見難しそうな模様は、ポスカで図案を丁寧に写せば大丈夫♪

【材料】
- 透明プラバン（0.4mm厚さ）
- ポスカ
  白

[ヘアゴム：1個分]
- ヘアゴム金具／1個

白のポスカを黄や赤、グレーなど、好みの色に変えてニット模様を描くのも楽しいですよ♪

【作り方】

① プラバンを下準備し（p.6参照）、ポスカと目打ちで図案を写す。

② 輪郭に沿ってハサミで切る。

③ 着色面を下にしてクッキングシートにのせ、トースターで焼く。縮み終わったら取り出して冊子をのせる。

④ 着色面にニスを塗り、しっかり乾燥させる。

⑤ ウラ面にヘアゴム金具を接着剤でつける。

① のポイント
ポスカの色が弾かれると細かい図案が描きにくいので、プラバンは必ず下準備し、片手に手袋をはめて作業しましょう。また、ポスカが乾かないうちに袖などが当たって色がこすれないように注意し、こまめに乾かしながら描きましょう。

② のポイント
ハサミで切っているうちに色がかすれたら、焼く前に同じ色のポスカでチョンチョンとつつくように塗り足せばOK。

冬の幸のイヤリング

難易度 ★☆☆ ｜ 図案 p.93

ほかほかお鍋の具をモチーフにした愛嬌たっぷりのイヤリング。
ノンホールピアスパーツだから片耳に複数つければにぎやかに。

【材料】

- 透明プラバン（0.4mm厚さ）
- 油性ペン（黒）
- ポスカ
  黄緑・うすだいだい・黄・茶・灰・白・
  コーラルピンク
- アクリル絵具
  Pスカーレット・イエローオーカー・
  バーントシェナー・ディープグリーン・
  ホワイト・ジェットブラック

[イヤリング：両耳分]

- ノンホールピアスパーツ／2個

【作り方】

① プラバンを下準備し（p.6参照）、ポスカと油性ペン、目打ちで[焼く前用図案]を写す。93と94はオモテ面にカッターで筋を描く（p.9参照）。

② 輪郭に沿ってハサミで切る。90は切り込みも入れる。

③ 着色面を下にしてクッキングシートにのせ、トースターで焼く。

④ [焼いた後用図案]を参考に、絵具で着色する。乾いたら着色面にニスを塗り、しっかり乾燥させる。

⑤ ウラ面にノンホールピアスパーツを接着剤でつける。

> **①のポイント**
>
> ポスカで塗り分ける際、隣接する色を引きずってしまうと色が混ざってしまい、きれいに仕上がりません。ポスカ同士の境目が重ならないように注意して塗りましょう。

冬のお部屋に飾りたい
心がほっこり温まる
ミトンの便利アイテム

ミトンのマグネット

難易度 ★★☆ | 図案 p.90

小さい頃お気に入りだったミトンは、片方だけなくさないように毛糸でつないであったな…。
糸に木製ピンチをつければ、写真やメモをはさんで使える便利雑貨に。

【材料】
- 透明プラバン(0.4mm厚さ)
- ポスカ
  赤・青・白
- アクリル絵具
  Pレッド・プルシアンブルー

[マグネット：1ペア分]
- マグネット(直径13mm)／2個
- 刺しゅう糸(好みの長さ)／1本
- 木製ピンチ

【作り方】

① プラバンを下準備し(p.6参照)、ポスカと目打ちで[焼く前用図案]を写す。

② パンチで穴をあけ(ここでは穴の直径が6mmのパンチを使用)、輪郭に沿ってハサミで切る。

③ 着色面を下にしてクッキングシートにのせ、トースターで焼く。

④ [焼いた後用図案]を参考に、ウラ面全体を絵具で塗りつぶす。乾いたら着色面にニスを塗り、しっかり乾燥させる。

⑤ ウラ面にマグネットを接着剤でつける。

⑥ 刺しゅう糸をプラバン1個の穴に通して固結びしたら、糸を好きな長さで切り、その端をもう1個のプラバンの穴に通して固結びする。好みで木製ピンチを糸につける。

③のポイント
焼く時間の長さで仕上がりの質感を調整できます(p.11参照)。焼いた後、プラバンの縁がギザギザになったら、やすりで整えましょう。

⑥のポイント
マグネット同士が突然くっつくとプラバンが壊れてしまう恐れがあるので、十分に離して作業しましょう。

バレンタインは
チョコのアクセサリーを
つけて…♡

チョコレートのバレッタ&ピアス

難易度 ★☆☆ | 図案 p.93

ショーケースに並ぶ宝石のようなチョコレートを再現したアクセサリー。
ピアスはプレゼントボックスをイメージしたデザインに。

【材料】
- 透明プラバン (0.4mm厚さ)
- アクリル絵具
  クリムソン・バーントアンバー・
  ホワイト・ジェットブラック

[バレッタ:1個分]
- バレッタ金具(5cm長さ)／1個
- ブリオン

[ピアス:両耳分]
- ピアス金具(貼付部8mm)／2個
- ブリオン

【作り方】

① プラバンをだいたいの大きさに切り、目打ちで[焼く前用図案]を写す(各作品に必要なパーツの種類と数は下の写真参照)。98は4枚のパーツのオモテ面にカッターで筋を描く(p.9参照)。

② 輪郭に沿ってハサミで切る。

③ ②をクッキングシートにのせ(98はオモテ面を上にしてのせ)、トースターで焼く。

④ [焼いた後用図案]を参考に、ウラ面全体を絵具で塗りつぶす。乾いたら着色面にニスを塗り、しっかり乾燥させる。

⑤ 98は筋を描いていないパーツ、99は[まる]のパーツにブリオンを接着剤でつける(p.29の⑦参照)。

⑥ 98はバレッタ金具にパーツをつける(p.33の⑥参照)。

⑦ 99は[リボン]のパーツを[しかく]のパーツに接着剤でつけ、しっかり接着されたらウラ面にピアス金具を接着剤でつける。

③のポイント

焼く時間の長さで仕上がりの質感を調整できます(p.11参照)。焼いた後、プラバンの縁がギザギザになったら、やすりで整えましょう。

椿の帯どめ&ヘアピン

難易度 ★☆☆ | 図案 p.92

落ち着いた色合いの椿の帯どめとヘアピン。
ブローチ感覚で気軽に作れる、着物でのお出かけにもぴったりなアクセサリー。

【材料】
- 透明プラバン (0.4mm厚さ)
- アクリル絵具
  カーミン・クリムソン・スカイブルー・
  ディープグリーン・ホワイト

[帯どめ:1個分]
- ブローチ金具／1個
- ブリオン

[ヘアピン:1個分]
- ヘアピン金具／1個
- ブリオン

【作り方】

① プラバンをだいたいの大きさに切り、目打ちで[焼く前用図案]を写す。

② 輪郭に沿ってハサミで切る。

③ ②をクッキングシートにのせ、トースターで焼く。

④ [焼いた後用図案]を参考に、絵具で着色する。乾いたら着色面にニスを塗り、しっかり乾燥させる。

⑤ ブリオンを接着剤でつける (p.29の⑦参照)。

⑥ ブリオンが動かなくなり、しっかり接着されたら、ウラ面に100と101はブローチ金具、102と103はヘアピン金具を接着剤でつける。

アレンジ

100と101はそのままブローチとしても楽しめます（好みでブローチ金具を横向きにつけてもOK）。102と103はピアス金具に変えてピアスにしても可愛いです。

③のポイント

焼く時間の長さで仕上がりの質感を調整できます(p.11参照)。焼いた後、プラバンの縁がギザギザになったら、やすりで整えましょう。

⑥のポイント

100と101は帯ひもを通せるように、ブローチ金具をプラバンに対して縦に接着しましょう。ヘアピン金具は厚紙などにはめて固定するとプラバンを接着しやすいです。

番外編 2

四季のバッグチャーム

難易度 ★☆☆ 　図案 p.95

四季折々の色をパレット上に並べたようなカラフルなバッグチャーム。
自分が思う季節の色を自由に身につけられるのも手作りならでは。

b10

4つの季節を
思い思いのカラーで
表現して

b11

【材料】
- 透明プラバン（0.4mm厚さ）
- アクリル絵具
  （下記の[配色例]参照）

[バッグチャーム：1個分]
- バッグチャーム金具／1個
- 丸カン（0.7×5mm）／8個

【作り方】

① プラバンをだいたいの大きさに切り、目打ちで[焼く前用図案]を8枚写す。

② パンチで穴をあけ、輪郭に沿ってハサミで切る。

③ ②をクッキングシートにのせ、トースターで焼く。

④ 下記の[配色例]を参考に、ウラ面全体を絵具で塗りつぶす。乾いたら着色面にニスを塗り、しっかり乾燥させる。

⑤ 丸カンでプラバンとバッグチャーム金具をつなげる。

配色例

春色
① ホワイト＋ビリディアン（○：●）
② ホワイト
③ ホワイト＋Pレッド（○：●）
④ ホワイト＋ジェットブラック（○：●）
⑤ ホワイト＋Pスカーレット（○：●）
⑥ ホワイト＋Pグリーンライト（○：●）
⑦ ホワイト＋カーミン（○：●）

夏色
① Pスカーレット
② スカイブルー
③ Pレモン
④ アクアブルー
⑤ ホワイト
⑥ Pイエローディープ

秋色
① カーミン
② イエローオーカー
③ Pスカーレット
④ バーントアンバー
⑤ ディープグリーン
⑥ バーントシェナー

冬色
① プルシアンブルー
② ホワイト
③ ゴールドライト
④ ジェットブラック
⑤ Pレッド
⑥ ホワイト＋ジェットブラック（○：●）
⑦ ビリディアン

> プラバンコラム

ポスカと絵具の使い分け

本書では、主にポスカとアクリル絵具での着色法を紹介しています。それぞれ長所と短所があるので、作りたいものに合わせて画材を使い分けましょう。

ポスカと絵具の特徴

	ポスカ	絵具
細かい模様	・焼く前の大きなプラバンに描ける ・ペンタイプなので細かい模様が簡単に描ける	・焼いた後に筆で描くので細かい模様を描くのが難しい
色数	・混色できないため使える色が限られる	・混色できるので微妙な色合いが自由に作れる
重ね塗り	・重ね塗りができないので、細かい模様や線を描く際は背景の塗り分けが難しい	・乾かせば塗り重ねられる ・焼いた後ポスカの上から全面を塗りつぶすことができる

好みでポスカと絵具を使い分けてみよう！

たとえば、「かもめのヘアゴム＆ブローチ」（p.34参照）は、雲模様をポスカで描いて焼いた後、ウラ面全体を絵具で塗るという作り方ですが、自宅にポスカがあって絵具がない人や、筆で塗るよりペンで塗る方が好きな人は、焼く前に雲模様を描いた後、まわりもポスカで塗ってから焼いて仕上げてもよいのです。自分の好みに合わせて使う画材を選んでみましょう。

色鉛筆や水彩絵具、マニキュアでもできる！

プラバンではポスカや絵具の他にも、色鉛筆や水彩絵具、パステルなど、さまざまな画材が使えます。また、マニキュアを使ったり、マスキングテープを貼ったりなど、工夫次第でいろいろな遊び方ができるので、ぜひ試してみてください。

作品図案集

本書で紹介している作品の図案と、ポスカや絵具の着色指示を掲載しています。
各作品の図案と色を確認しながら作りましょう。

※本書ではプラバンが縦に縮むことを想定し、[焼く前用図案]と[カッター用図案]を縦長にした状態で掲載しています。
また、特に指定がないものはすべてプラバンのウラ面に描くため、図案を反転した状態で掲載しています。

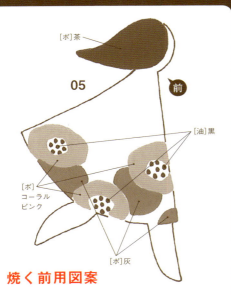

焼く前用図案

焼く前にポスカや油性ペン、目打ちで写す部分を示した図案。切り取り線（モチーフの輪郭となる線）とパンチであける穴（点線の円）は目打ちで写します。また、前や後が表示されていない図案はすべて焼く前のプラバンに描きます。

カッター用図案

カッターで筋を描く部分を示した図案。図案の白い線に沿ってカッターを入れましょう。

焼いた後用図案

焼いた後に絵具で塗る部分を示した図案。2色以上を混ぜて色を作る場合は、混色の目安量を下記のように表示しています。

混色の目安量

絵具を混色する場合、混ぜる量の目安を右の3パターンで表示しています。これを参考にして絵具をパレットなどに出し、混ぜながら調整しましょう。

（例）ホワイト＋レッドの混色

(● : ●) ホワイトとレッドを同量混ぜる
(● : ・) ホワイトを多めに出して混ぜる
(● : ・) レッドをほんの少し出して混ぜる

[アイコンの見方] 前…焼く前用図案 後…焼いた後用図案 カッター…カッター用図案
[着色指示の見方] [ポ]…ポスカ [油]…油性ペン [ア]…アクリル絵具

菜の花のヘアゴム＆ヘアピン 作品解説p.16

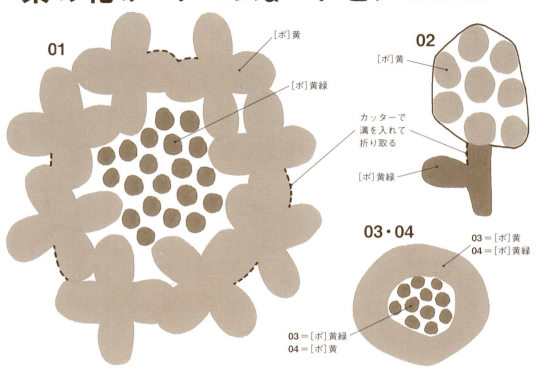

手まり寿司のピアス 作品解説p.20

あの子のワンピースブローチ 作品解説p.18

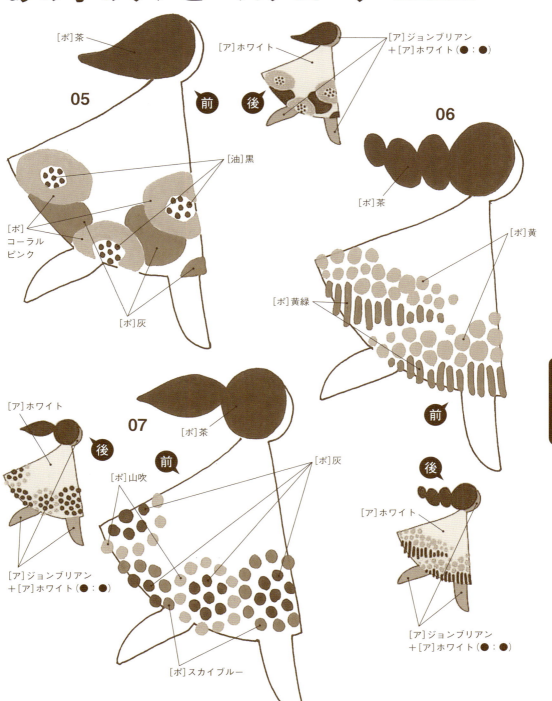

アイコンの見方　前…焼く前用図案　後…焼いた後用図案　カッター…カッター用図案
着色指示の見方　[ポ]…ポスカ　[油]…油性ペン　[ア]…アクリル絵具

虫たちのピンブローチとピアス

作品解説 p.22

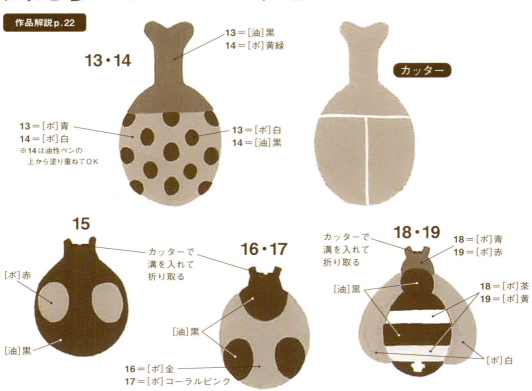

シロツメクサのネックレスとピアス

作品解説 p.26

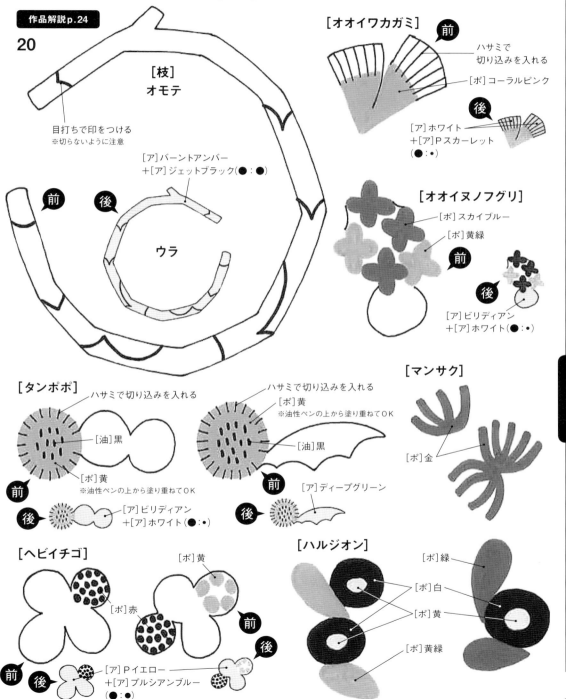

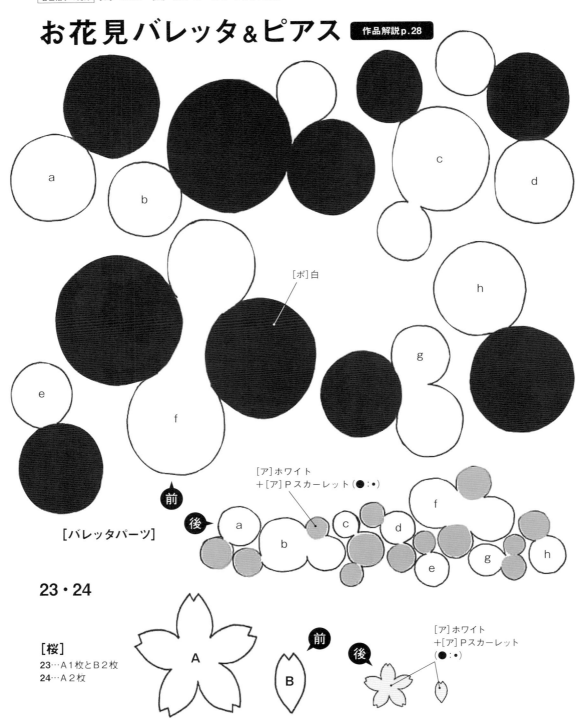

風鈴のピアス

作品解説p.30

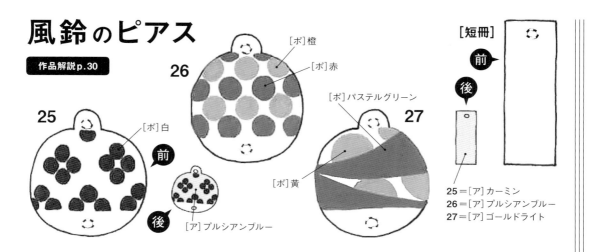

ひまわりのミニバレッタ＆ピアス 作品解説p.32 28・29

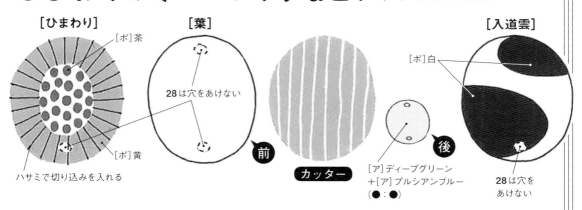

傘のヘアピンとピアス 作品解説p.42

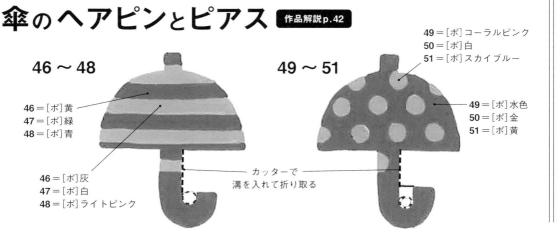

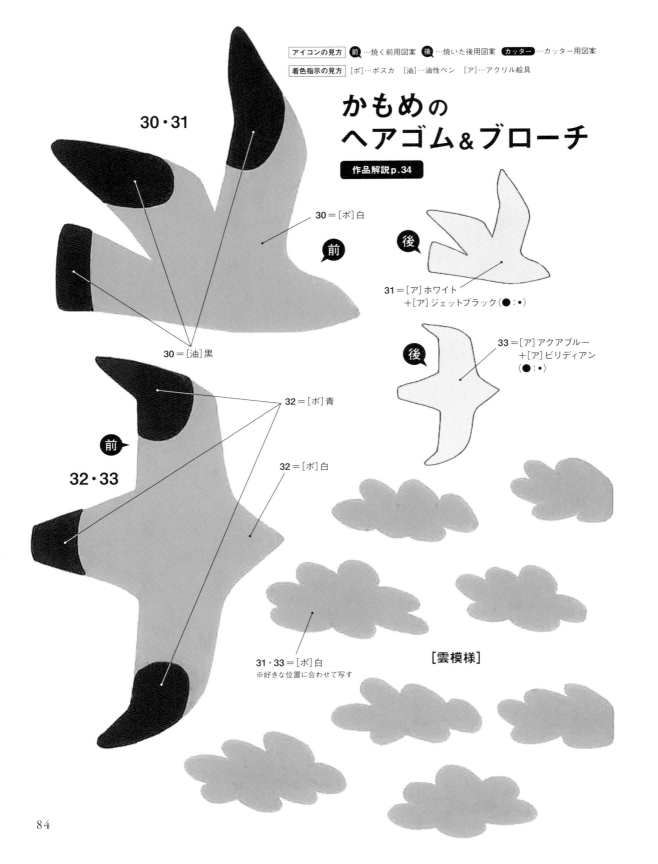

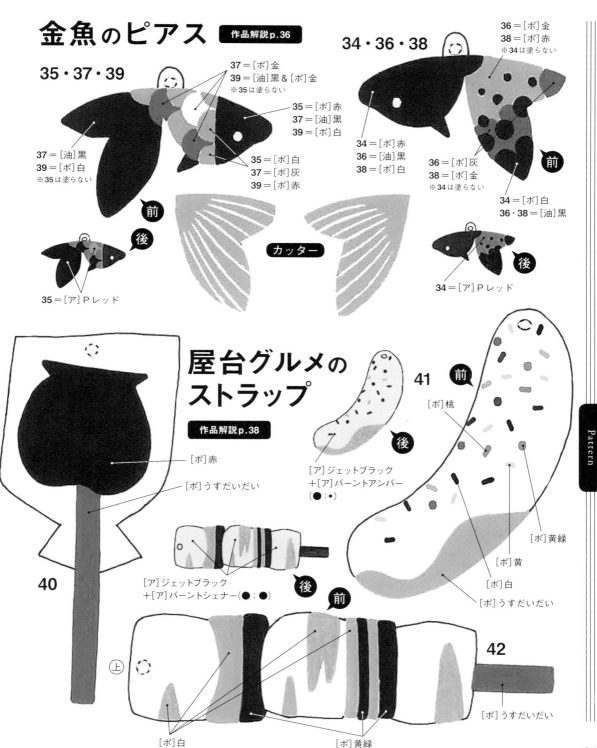

| アイコンの見方 | 前 …焼く前用図案　後 …焼いた後用図案　カッター …カッター用図案 |
| 着色指示の見方 | [ポ]…ポスカ　[油]…油性ペン　[ア]…アクリル絵具 |

波のリング　作品解説p.40

43＝[ポ]青
44＝[ポ]水色
45＝[ポ]白

43・44・45

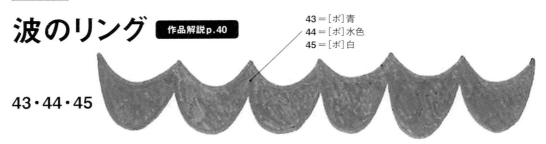

ハロウィンのピアス
作品解説p.46

52〜55

52＝[ポ]灰
53＝[ポ]白
54＝[ポ]赤
55＝[ポ]橙

52・54＝[ポ]白
53＝[ポ]橙
55＝[油]黒

56〜58

56＝[油]黒
57＝[ポ]橙
58＝[ポ]紫

56＝[ポ]橙
57＝[油]黒
58＝[ポ]白

59

[油]黒
[ポ]橙
[ポ]白

60・61

60＝[ポ]白
61＝[油]黒

60＝[ポ]紫
61＝[ポ]橙

読書の秋ブローチ
作品解説p.50

67〜69

67＝[ポ]赤
68＝[ポ]黄
69＝[ポ]緑

[ポ]白

[油]黒

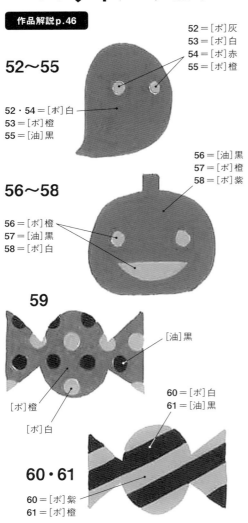

きのこのピアス 作品解説p.48

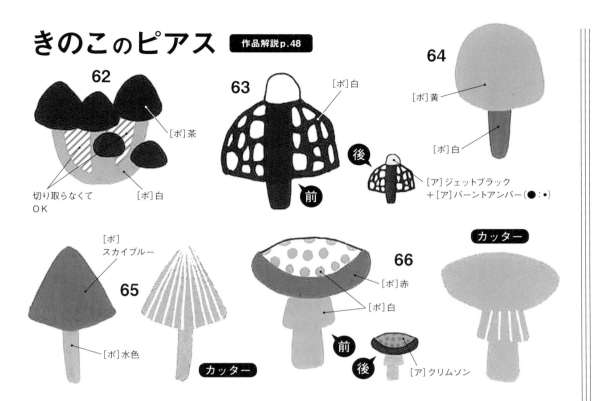

落ち葉のリング 作品解説p.56

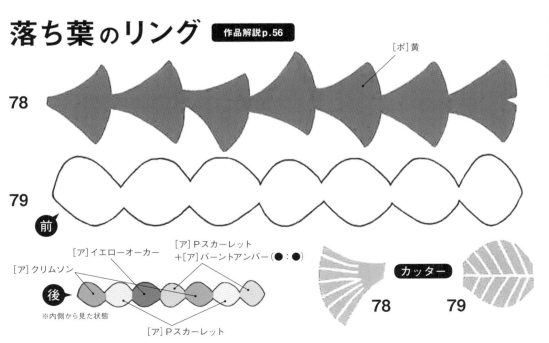

アイコンの見方 　前…焼く前用図案　後…焼いた後用図案　カッター…カッター用図案
着色指示の見方　[ポ]…ポスカ　[油]…油性ペン　[ア]…アクリル絵具

秋の味覚イヤリング

作品解説p.52

[本体]

70・71

70＝[ポ]紫
71＝[ポ]黄緑

[粒]
3個作る

72

[ポ]黄

カッター

[ア]Pレッド
+[ア]ウルトラマリン
(●:•)

後

前

73

[ポ]青
[ポ]黄緑
[油]黒

[ア]ホワイト
+[ア]Pイエローディープ
(●:•)

前　後

74

カッター

[ポ]茶
[油]黒

75

[ポ]灰
[油]黒

カッター

[ア]プルシアンブルー
+[ア]ホワイト
+[ア]ジェットブラック
(●:●:•)

[ポ]白

前　後

動物たちのネックレス

作品解説p.58

80

[油]黒

88

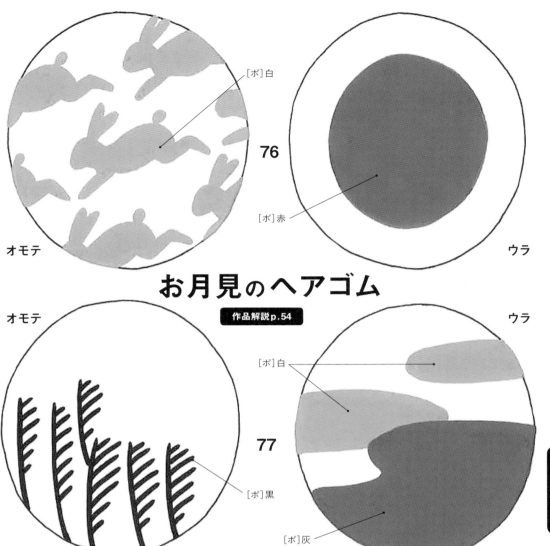

お月見のヘアゴム
作品解説 p.54

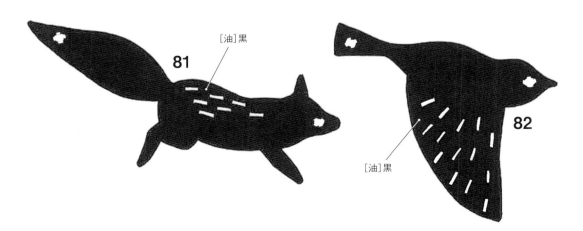

83・84

83＝[ア]スカイブルー
　　＋[ア]ディープグリーン
　　（●：●）
84＝[ア]ゴールドライト

[ア]ホワイト

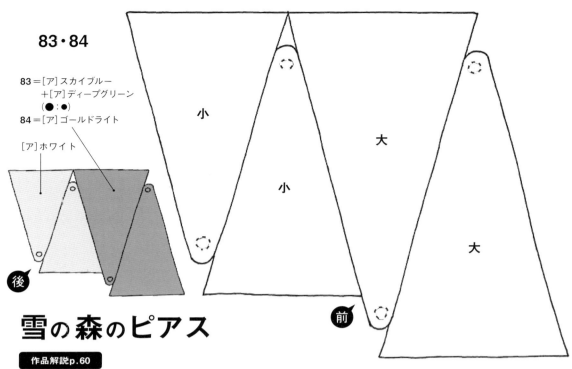

雪の森のピアス
作品解説p.60

ミトンのマグネット
作品解説p.68

96・97

[ポ]白

96＝[ポ]青
97＝[ポ]赤

手袋の左右によって
親指と穴の位置を変える

96＝[ア]Pレッド
97＝[ア]プルシアンブルー

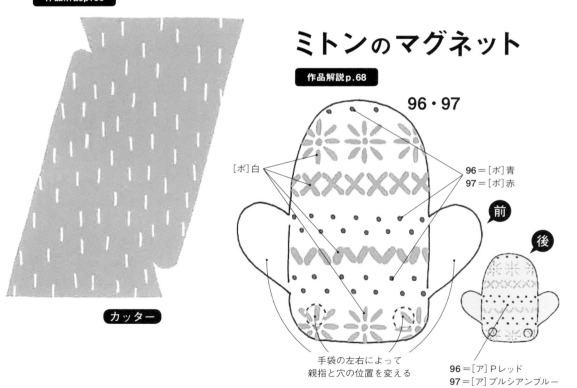

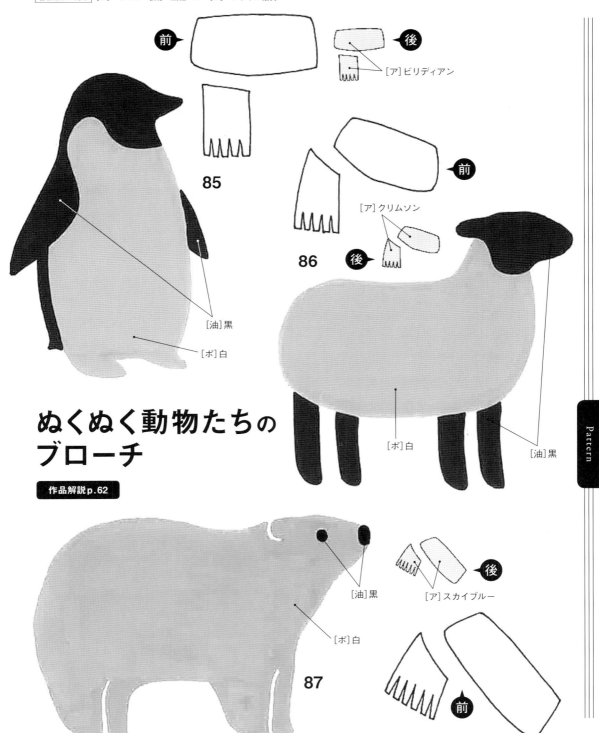

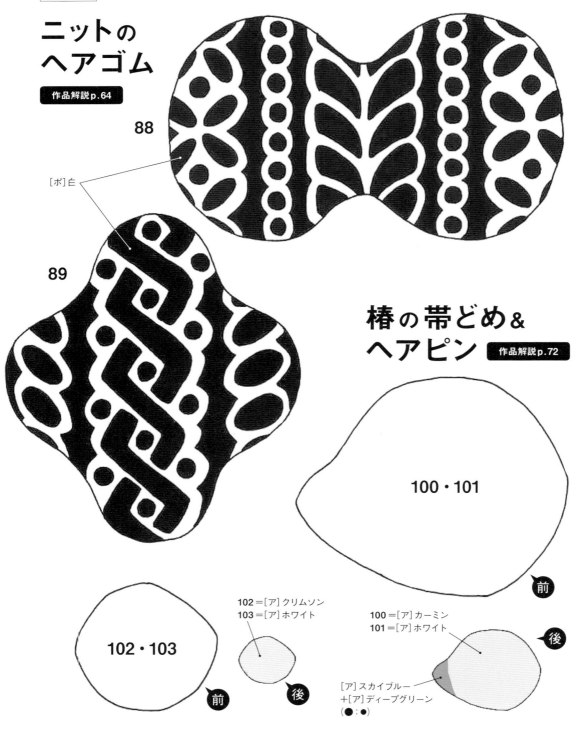

冬の幸のイヤリング 作品解説p.66

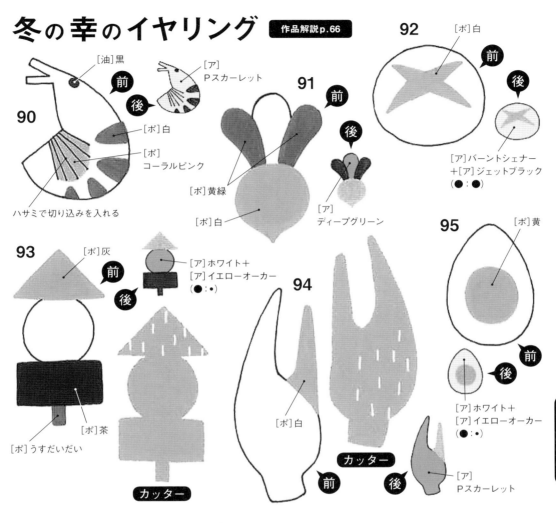

チョコレートのバレッタ&ピアス 作品解説p.70

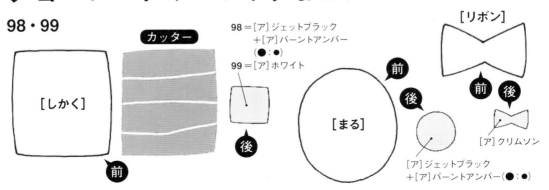

アイコンの見方 前…焼く前用図案 後…焼いた後用図案 カッター…カッター用図案
着色指示の見方 [ポ]…ポスカ [油]…油性ペン [ア]…アクリル絵具

[番外編1]
季節のスポーツアクセサリー 作品解説p.44

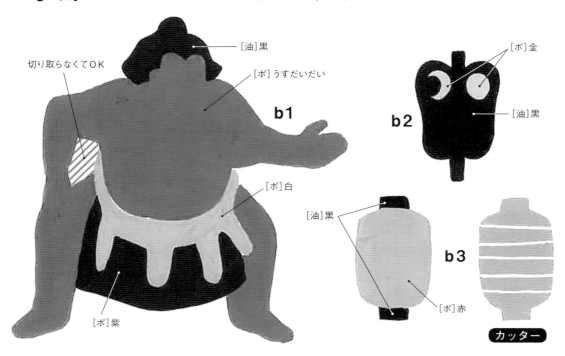

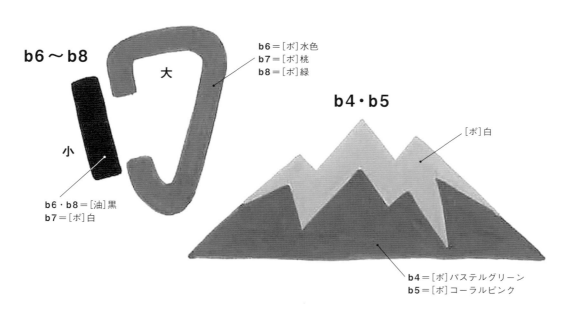

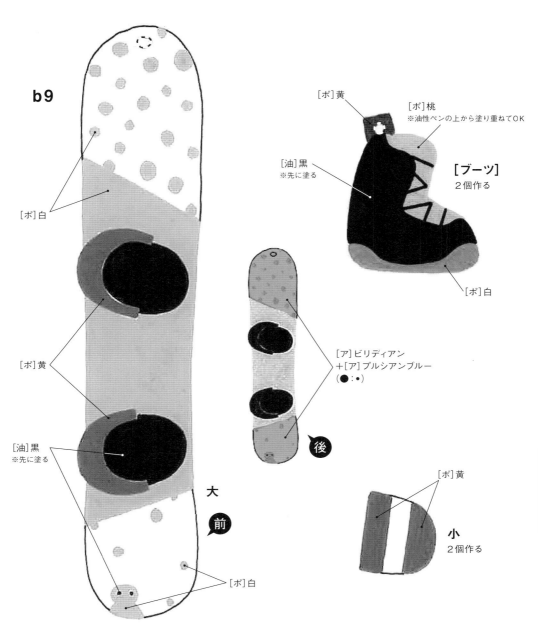

[番外編2] 四季のバッグチャーム

作品解説 p.74

作品制作

タニヤナギユウ

愛知県出身。デイリーに着けたいプラバン雑貨、アクセサリーを制作。「merico works」の屋号で企画展への参加、書籍協力、雑貨店での販売など活動中。おとなもこどもも着けられる、ちょっと気になる愛嬌ある色と形づくりを目指している。

http://mericoworks.jimdo.com/

撮影／小澤 顕
編集／丸山千晶　ナカヤメグミ（スタンダードスタジオ）
デザイン／今井佳代

この本の内容に関するお問い合わせ先
スタンダードスタジオ　TEL：03-5825-2285

大人可愛い　プラバンでつくる　季節のアクセサリー

2016年2月25日　第1版・第1刷発行

作品制作	タニヤナギユウ
発行者	メイツ出版株式会社
	代表者　前田信二
	〒102-0093　東京都千代田区平河町一丁目1-8
	TEL：03-5276-3050（編集・営業）
	03-5276-3052（注文専用）
	FAX：03-5276-3105
印刷	三松堂株式会社

●本書の一部、あるいは全部を無断でコピーすることは、法律で認められた場合を除き、著作権の侵害となりますので禁止します。
●定価はカバーに表示してあります。
©スタンダードスタジオ,2016.ISBN978-4-7804-1700-5 C2077 Printed in Japan

メイツ出版ホームページアドレス http://www.mates-publishing.co.jp/
編集長：折居かおる　企画担当：折居かおる　制作担当：清岡香奈